Walter Freitas Ramalhete

(IN) CONFIDÊNCIAS II !

Poemas e outros (con)textos.

Dedicatória:

Com profunda gratidão à Julieta (Neca) e ao Mário meus

queridos pais e a todos os meus professores a quem tudo devo!

NB: * Estes textos, foram escritos segundo os termos da ortografia anterior ao recente (des)Acordo Ortográfico.

Voo encantado!

Voo há muito encantado no teu sorriso

é nos teus olhos mudos que oiço o amor.

São eles que mo confessam e choram,

choram com secas lágrimas puras.

Confessam-mo nenhuma palavra dizendo.

Os amores verdadeiros, são os mais sofridos,

são confessados pelos ais dos olhares da dor

transbordante do coração onde moram

 sem necessitarem de toques, beijos ou juras,

onde dia após dia mais fortes vão renascendo.

Figueira da Foz, 20 de Março de 2020.

És amor!

És uma brisa suave e diáfana,//

leve, até enciúmas as cores.//

És bouquet de aromas e beleza,//

rainha das rainhas, és desafio.//

Indiferente... desabrochas amores,//

e misturas cores, aromas e sabores com subtileza.//

Tórrida e verdadeira como te dá a fama//

és vento fresco, rajadas em rodopio.

Figueira da Foz, 12 de Janeiro de 2020.

És!

És
uma brisa cálida, cheia de sabores, perfumes e desejos...
És
um vento - às vezes suave, às vezes furioso- prenhe de
tórridos beijos.
És
uma lufada de ar aberta e crescente numa espiral ascende.

Levas
contigo os meus olhos nas brumas das tuas fantasias
ardentes.
Levas
em ti os sonhos meus de outrora, concretizados agora.

Trazes
todos os sim a mim.
Trazes
a negação total dos sempre malditos não!!!, até que enfim!

Parece loucura, mas é razão!
Parece sonho, mas é desperto!
Parece impossível, mas é real!

Fazes

acontecer o desejo secreto.

Fazes

acontecer os meus desejos inconfessados, pois então!!!

És sonhos concretizados afinal!
És coragem!
És alento, neste relento da fria aragem!
És sopro da vida na minha vida!

Figueira da Foz, 30 de Janeiro de 2020.

Namoro às escondidas!

Foi sem querer, mas vi,//
de relance vi a Lua, juro!,//
ela atrasou a passada, atrasou sim!,//
foi intencional e puro,//
ela fez um compasso bem feminino,//
aquele não quer, mas que quer..., ladino!,//
e, de fugida, roubou-lhe um beijinho.//
O Sol, doidinho..., procurou-a durante o dia//
e já no ocaso abraçou-a com carinho,//
mas eu já sabia, eu já sabia...//

Figueira da Foz, 15 Janeiro de 2020.

Nas teias da solidão!

Encontrei-a na solidão encontrada nos desencontros de si,//
naquela solidão com os olhos já mortiços e sem luz,//
encoberta nas sombras das memórias marcadas pelos dias
de sol encoberto pelas nuvens cinzentas,//
carregadas de frio mortificante e sugadoras da esperança.//

Encontrei-a naquela solidão das palavras órfãs de
destinatários,//
sufocadas por falta de sentimentos,//
amortalhados por arrependimentos sem remédio.//

Encontrei-a na solidão carregada pelas cores pastel da//
desesperança!,//
abandono e//
indiferença!//

Encontrei-a na solidão carregada pelas cores vivas da//
morte ainda em vida!,//
e da desistência!//

Encontrei-a na solidão carregada da dor sem cor,//
matizada de amargos sabores a fel, a fel, a fel… mas da cor
do falso mel!//

Encontrei-a na solidão envolta na tristeza que forra de
negro o sossego da tumba,//
enregelada pelo frio da pedra incolor e translúcida//
que se derrete nos pingos pendentes,//
tranquilos,//
sem dores,//
nem ânsias,//
nem devaneios.//

Perdi-a!//

Perdi-a para sempre na solidão da eternidade fugaz que
segundo a segundo,
vai morrendo garroteada nas suas teias. //

Figueira da Foz, 19 de Janeiro de 2020.

Perdoa-lhes!

Procurei-te desesperadamente na minha aflição
- Ouviste-me?
Homens que se dizem Teus, enganaram-me.
Diziam-me despudoradamente que lhes falavas,
e até que os ouvias!
Diziam-me desavergonhadamente que te pediam por mim,
mas…
Tu…,
nada!,
Nada!
Nada!
Em nada me consolavas aquela dor,
enquanto naquela fé,
naquela roda daqueles escarnecedores,
a Ti clamava.
Clamava!
Clamava em vão!
Já sozinho e incompreendido no meu pavor…
clamei perdido na minha dor,
mas não perdido na fé!
Fechei-me e clamei ainda por ti no meu secreto.
Ouviste-me por fim!
Existes!
És!
Mas também és,
usado por quem em teu nome come nas mesas fartas
de pecados de gulas e doutros igualmente mortais.
Nelas comem os dízimos e os décuplos indevidos,

tirados aos desesperados que sem terem,
por Ti e para Ti dão,
dão, tirando às sua bocas famintas de tudo,
famintas de muito, de muito nada e
cheias de tanto vazio!
Abominas tal gente!
Alertaste-nos para abominar os falsos profetas da
prosperidade
e os pastores gordos da melhor gordura,
com que sujam o teu sagrado templo neles,
e em todos nós.
Eles cavam fundo o mal
onde se enterram e
tentam Te enterrar com eles.
Perdoa-lhes Pai!
Perdoa-lhes, apesar deles saberem muito bem o que fazem!
Perdoa-lhes Pai!,
porque eu já não consigo!
Perdoa-me também!

Figueira da Foz, 19 de Janeiro de 2020.

Poema feio!

O pior frio vem enregelado com a tristeza que o envolve.//
Há dias mais frios e mais tristes que outros.//
Esses só os aquece o sorriso que alguém devolve. //
Regela-os de tristeza, a indiferença doutros.//

A tristeza e o frio são abraços de morte.//
Eles esfarrapam com indiferença os desgraçados!//
São os ferretes da má-sorte.//
São um pão-de-fel muito amaldiçoado.//

Repentinamente algo se abriu!//
Risquei o frio e a tristeza inteira!//
Mandei-os para a ... que os pariu!//
Rasguei a folha e acendi a lareira!//

Figueira da Foz, 8 de Janeiro de 2020

Cinzento e rabugento!

O dia também acordou rabugento,
acordou como eu estou.
Parece-me carrancudo e cinzento,
está com o ar de quem amuou.

Eu estou assim porque ainda não te vi.
Ele, até acinzentou o mar agitado.
Vem depressa!, já espero por ti,
estou como o mar, desassossegado.

Faltaste-me meu despertar lindo,
a ele faltou-lhe o sol com brio.
Tristes, nós dois lá vamos indo,
neste dia cinza e frio.

Oiço-o a trautear lamuriento,
mas nada me acalma este desejo,
sinto um enorme sofrimento,
enquanto espero ansioso pelo teu beijo.

Figueira da Foz, 2 de Fevereiro de 2020.

Dia dos enamorados!

Nossos…, são este e mais todos os outros dias.//
São os dias todos…, todos tão desejados por nós, os enamorados.//
Dias desejados unicamente para mais e mais…, se desejarem.//
São dias inteiros para darem aqueles beijinhos tão repenicados,//
embrulhados com suspiros…, a darem, a darem…//
muitos suspiros selados com ais…, e tudo o mais que dar se podia…//

Figueira da Foz, 14 de Fevereiro de 2020.

DILEMA!

Desejo-te com todo o meu querer.
Imploro o teu amor todo a tremer.
Lembro-me bem do nosso amanhecer.
Entro e saio já os dias só para te ver.
Mourejo com ciúmes de morrer.
Amar-te-ei assim até eu desaparecer.

Figueira da Foz, 21 de Fevereiro de 2020.

Procuro-me ou não me procuro?

Temo procurar-me, cada vez mais, com medo de me encontrar, por ter de procurar-me naquela parte louca de mim que ainda me falta conhecer, naquela parte de mim em que ainda me falta descobrir a loucura de mim inteira nesse vazio que tanto me inquieta.

Sei que é daí que me vem todo este desassossego. Temo-o. Vejo-me a rodar à beira do fosso profundo e perigoso de mim. Apavora-me cair nele e de lá nunca mais querer sair, porque já vi outros que nesse poço caíram e por lá ficaram felizes com o que de si encontraram. Será que se completaram por lá? - interrogo-me permanentemente!

Mas, também vi muitos outros que regressaram de lá muito mais infelizmente despertos e que são agora ainda mais conscientemente infelizes cá retornados.

Lá no fundo profundo de mim há o negro negro, há o negro tudo tudo fundo de mim claramente, há o negro escuro e o outro menos negro muito iluminado onde se juntam a dança e a contradança em que giro a minha vida plenamente, por isso, em mim assim incompleto, gira o grande medo de me vir realmente a conhecer.

Também sei que não me conhecerei sem me mergulhar no poço negro de mim mesmo, portanto, nessa angústia desfolho indeciso este bem-me-quer-mal, este malmequer só porque assim não me quero, e este bem-me-quero-bem porque não quero viver tresloucado nesta normalidade incompleta da loucura completa que muito mais são me tornará.

Procuro-me ou não me procuro? - interrogo-me apavorado.

Figueira da Foz, 18 de Fevereiro de 2020.

Querer e crer?

Para que incomodas mais o Mestre? A tua filha já morreu!
Não há mais querer!
O Mestre, porém, disse-lhe: - Não temas! Será viva,
somente crê! Há outro querer!
O principal da sinagoga era um homem de muito querer e
também ainda de muito mais crer.
Já a Tomé, o Mestre recriminou-o assim: - Não é fé querer
ver para crer! Porque viste creste?
No amor, ahhhh!, no amor… é tão pequeno o não querer. O
amor é todo de muito querer. Crê que há amor por muito
querer e que também o há mesmo sem o querer. No amor é
fundamental também crer. No amor é mesmo assim, crê!
Na arte há a mistura aleatória destes sentimentos: do crer e
do não crer; do muito querer e do simplesmente não querer.
O artista por crer ou por não crer e também por querer ou
não querer faz tanto o belo como o feio acontecer…

É sem dúvida alguma um grande mistério aquilo que dá
tanto poder ao não querer, como ao crer e ao não crer, como
dá também ao tanto querer…, podeis crer!

Figueira da Foz, 26 de Fevereiro de 2020.

Todos os olhos são lindos!

Todos os olhos são lindos!
Mas os teus…,
os teus… Deus meu!
Trazem-me os sonhos de longe vindos…

Todos os olhos são lindos!
Mas os teus…,
os teus…dão vida aos meus!
São profundos, são mares infindos…

Todos os lhos são lindos!
Mas os teus…,
os teus…têm a cor breu…
Tocam a rebate, mais que melodiosos sinos.

Todos os olhos são lindos!
Mas os teus…,
os teus… desengraçam o altivo Zeus!
São portais dos belos infinitos!

Figueira da Foz, 29 de Fevereiro de 2020.

A vida!

Na vida há um dia
Um tempo
Um momento
Em que finalmente acontece.

Acontece com certeza
No momento certo
Se certo ou errado o acontecimento
Caem lágrimas felizes ou descontentes.

Eles às vezes vêm misturados
Outras vezes alternados
Elas são doces ou salgadas
Tal e qual os dias de chuva e sol.

Ela acontece dia após dia
Acontece porque é mesmo assim
Muitas vezes não como queríamos
Antes repleta de bom e mau...é a vida!

Figueira da Foz, 8 de Dezembro de 2019.

A-D-O-R-O - T-E!

Amo-te!, mais até! **A**doro-te!
Deste vida e alegria aos meus **D**ias!
Orei e oro por nós, ensinaste-me a **O**rar!
Repito ainda os trejeitos de **R**apazinho!
Olho-te bem para vencer todo o **Ó**cio!
- amada sempre minha amada -
Tenho-te dentro de mim e ainda **T**remo!
É amor sim! É um turbilhão **E**terno!

Figueira da Foz, (enquanto velo o teu sono) 18 de
Dezembro de 2019.

Arde a saudade!

Arde! Dói! Dói e arde desde que...
Aprendi a ignorar, a chorar, a chorar...
Ela é como o mar, é um imenso mar...
Maior até, até muito maior do que...

Quando já não a suporto, encosto-me nele,//
encostadinho solto todos os ais!
Confesso-lhe que sofro, sofro, sofro dele.
Aninha-me o olhar no balanço do colinho,
canta, dança, embala-me devagarinho,
mas parece que dói e arde mais!

Sozinhos...
abraçadinhos...
soluço gemidinhos...
e ardem-me os olhinhos.

Desassossegam-me estas datas (importantes????)//
mas... nada voltará a ser como dantes.

Procuro-te e encontro-te na memória,
encontro-te imóvel nesta dor sem hora.

Afogo-a junto do mar...
a poemar, a poemar, a poemar...
Estou aqui, aqui, aqui!!!!!
Juntinho, juntinho, muito juntinho a ti, Nani! //

Figueira da Foz, (8:00 horas, na tua praia querido irmão) 23
de Dezembro de 2019.

Letras baralhadas.

Gosto de brincar com as letras,
as minhas fadas encantadas.
São leves e lindas, são borboletas.
Nunca as encontrei enfadadas.

Junto verdades nas palavras
francas que salpico nas frases,
compridas, curtas, mansas e capazes,
uso-as em carreirinhas como lavras.

Lavras grandes com muito alimento,
mas sem cebolas, couves nem batatas.
Sopas de letras ricas de conhecimentos
das que nunca deixam enfartadas.

Uso as vinte e três com farto abuso.
Forjo sonhos, verdades e bondades,
Algumas são muito duras, só as uso
para denunciar graves maldades.

As letras são simples e agradáveis,
não fingem nem murmuram,
são simplesmente fiáveis.
Dizem tudo e nada descuram.

Gosto de brincar com as letras
elas são fadas encantadas e bravas,
são sopas de couve com borboletas,
sem maldade dizem tudo misturadas.

Figueira da Foz, 19 de Dezembro de 2019.

Ho! Ho! Ho!

Ho! Ho! Ho! Será Natal?
Vejo muitos enfeites coloridos
Árvores iluminadas, coisa e tal
Jardins ricamente floridos.

Com tudo, com tanto de artificial
Vejo muitos corações esmorecidos
Mas que não fazem por mal
Apenas estão empedernidos.

Reagem a este embuste brutal
Tristes e completamente perdidos
Sabem que nada disto faz sentido

Ho! Ho! Ho! Assim não é Natal!

Coimbra, 10 de Dezembro de 2019.

Não sabes mãezinha!

Mãezinha!, tu não sabes, mas eu ainda choro,//
choro até mesmo muito,//
choro mais do que quando era criancinha//
mas choro mudo.//

Sabes mãezinha, falta-me o teu colinho,//
para abafar tanto choro miudinho.//

Agora as lágrimas correm-me disfarçadas.//
Elas escondem-se atrás de risos e gargalhadas.//
Todavia, ardem e marcam muito mais!//
São pilhas de muitos ais!//

Sabes mãezinha?, - ninguém nota,//
ninguém percebe quando choro//
ninguém atenta quando imploro.//
Mas eu sei mãezinha, que tu perceberias...bem demais.//

A ti mãezinha querida//
elas não enganariam e prontamente, me darias o teu colinho.//
Dá-lo-ias ao ainda e sempre teu menino!//
Soprarias na minha ferida!//

Só então elas deixariam de arder e doer!//
Só então com aquele sorriso menino adormeceria sem nada temer.

Figueira da Foz, praia da Cova, 14 de Dezembro de 2019.

O desprezo!

Desprezo não é só não nos falarem,
é também só nos falarem quando querem!

É disporem sem respeito,
é usarem-nos a torto e a direito!

É limpar em nós só as lágrimas,
as tristes, as salgadas e as ágrias.

É silenciarem-nos no escuro,
e cercarem-nos com indiferente muro.

É darem-nos a saber se quiserem,
ou somente se, de todo, não puderem.

O desprezo é dos egoístas a essência,
é a arma daqueles sem decência.

A eles respondemos com a distância,
respondemos com pura elegância!

Esta linguagem que não conhecem,
não a fintam, nem a escarnecem!

Assim ganhamos o merecido respeito,
e crescemos sempre no nosso conceito!

Figueira da Foz, 14 de Dezembro de 2019.

Perdi um lindo poema! (múltiplas versões).

Perdi um lindo poema! (1ª montagem).

-Oh! Caiu-me das mãos o meu lindo poema!!!//
Misturaram-se as palavras e as rimas.//
Ajoelhado, recolhi-as atabalhoadamente.//
Recriminei-me: <<Oh! Que desastrado!>>//
Não me perdoarei! - Jamais!!!//
Morreram-me palavras e outras ficaram feridas!//
Também se cambulharam primos com primas.//
Perdi o poema e perdi amores, só me ficaram as palavras
doídas!//
Nunca mais será poema, nem amor; perdi-os
definitivamente!//
É imensa a dor e ainda maior a pena.//
Choro mais um amor destroçado.//
Mais uma dor verdadeira que dói até demais!//

Perdi um lindo poema! (2ª montagem).

-Oh! Caiu-me das mãos o meu lindo poema!!!//

É imensa a dor e ainda maior a pena.//

Misturaram-se as palavras e as rimas.//

Também se cambulharam primos com primas.//

Ajoelhado, recolhi-as atabalhoadamente.//

Nunca mais será poema, nem amor; perdi-os
definitivamente!//

Recriminei-me: <<Oh! Que desastrado!>>//

Choro mais um amor destroçado.//

Não me perdoarei! - Jamais!!!//

Mais uma dor verdadeira que dói até demais!//

Morreram-me palavras e outras ficaram feridas!//

Perdi o poema e perdi amores, só me ficaram as palavras
doídas!//

Perdi um lindo poema! (3ª montagem).

-Oh! Caiu-me das mãos o meu lindo poema!!!//

Misturaram-se as palavras e as rimas.//

Ajoelhado, recolhi-as atabalhoadamente.//

Recriminei-me: <<Oh! Que desastrado!>>//

Não me perdoarei! - Jamais!!!//

Morreram-me palavras e outras ficaram feridas!//

Perdi o poema e perdi amores, só me ficaram as palavras doídas!//

Mais uma dor verdadeira que dói até demais!//

 Choro mais um amor destroçado.//

Nunca mais será poema, nem amor; perdi-os definitivamente!//

Também se cambulharam primos com primas.//

É imensa a dor e ainda maior a pena.//

Perdi um lindo poema! (4ª montagem).

-Oh! Caiu-me das mãos o meu lindo poema!!!//
Misturaram-se as palavras atabalhoadamente.//
É ainda maior a pena.//
Perdi o poema e perdi amores, perdi-os definitivamente!//

Ajoelhado, recolhi as palavras e as rimas.//
Recriminei-me: << mais um amor destroçado! >>//
Morreram muitas outras, primos e primas.//
Choro: Oh! Que desastrado! //

Não me perdoarei! Mais uma dor verdadeira que dói até
demais!//
Também se cambulharam as palavras que ficaram feridas!//
Nunca mais será poema, nem amor; - Jamais!!!//
É imensa a dor, só me ficaram as palavras doídas!//

Figueira da Foz, 27 de Dezembro de 2019.

Quando partir.

Partirei para ti já cheio de saudades tuas,
saudades de não te tornar a ter...

a ver-te...
a ouvir-te...
a sentir-te...
a cheirar-te...

Quando partir para ti,
nunca mais te confidenciarei:
os meus sonhos...
os meus medos...
as minhas tristezas...
as minhas frustrações...
nem as tantas alegrias...

Silenciar-me-ei no movimento do teu ventre,//
nesse agitado túmulo das minhas cinzas,
... meu querido mar!

Silenciar-me-ei dentro de ti,
meu mar alegre...
buliçoso...
cantante...
e confidente de novos outros!

Sentirei eternamente a tua falta,
mesmo restando-me dentro de ti...
Já a minha alma punge saudoso choro,
neste até breve...
e também já, até nunca mais!

Figueira da Foz, praia da Cova, 14 de Dezembro de 2019.

Balanço!

Frequentemente desanimo, sinto que ocupo. Apenas ocupo. Apenas vou ocupando quanto posso. Ocupo a mente com pensamentos, passatempos e mata tempos nesta vida ocupada com tantas ilusões.

Mesmo quando vagueio não me sinto vago, antes me assombro, ocupam-me sentimentos de culpa: o que fiz?!!!; o que fiz de mim?!!!; o que fiz do tempo de mim?!!!; como o ocupei?!!!; como me ocupei?!!!;

Balanço!

Balanço como um barco na refega da ondulação.

Ocupo-me neste inútil balanço!

Frequentemente desanimo!!!

Figueira da Foz, 21 de Novembro de 2019.

Mulher fútil!

Mulher fútil!

A vida não te foi madrasta!

Foste tu que descuraste o ensinamento útil!

Agora provas também a vergasta.

Chora!

Prova das lágrimas que causaste!

Muitos te ofereceram o amor que agora imploras,

...tantos foram aqueles que magoaste!

É tarde!

Já não batem aqueles corações!

Sucumbiram naquela dor que arde,

não lhes mereces os perdões!

Mira-te!

Olha-te no espelho da tua pele!

Escorrem-te agora as lágrima, admiras-te?

Mas…a vida já te foi mel!

Cigarra do amor!

Porque tanto te lamentas?

São ainda pequenas as tuas dores!

Logo a mim formiguinha que as sofri lentas?

Geme mulher!

Prova do que fizeram os teus encantos!

Bebe agora do teu fel à colher!

Tu que acenavas amor e servias prantos!

Torra!

Saboreia! Que te seja lento o sofrimento!

Acaba sempre assim aquele que o amor borra.

De nada te vale agora o arrependimento!

Borboleta desasada!

Mulher fútil que tanto choras.

É tarde! Mira-te cigarra pranteada.

Geme! Torra na borboleta onde moras!

Figueira da Foz, 26 de Novembro de 2019.

Triste despertar!

Acordaste com má cara!

Azoeirado e com a voz grossa.

Estás com cara de maus fígados carregada,

 e esquivo atrás dessa cortina manhosa.

Picam-te o vento e as gaivotas.

Não aceitas e irritas-te, murmuras forte mau humor,

desconsoladas elas pairam sobre ti às voltas,

mas hoje não te beijam, nem te servem barrigas de amor…

Nem elas, nem ninguém se atreve, todos te temem.

Elas planam tristes e inconsoladas, choram gritos
estridentes.

Inconsolado e triste também me junto àqueles que gemem,

Somos muitos, tantos, tantos… e não somos só gente!

Também te suplico amado mar: - abre-me o teu sorriso!

Destapa-te dessa cortina cinza triste e fria!

Arrasa esse sentimento acabrunhado e mortiço.

Veste as tuas cores e imita aquela criança que tanto ria.

Aquece-nos, alegra-nos e anima-nos!

Vem bailar e cantar para nós!

Com o vaivém das tuas ondas mima-nos,

não nos abandones, não nos deixes tristes e sós!

Praia da Cova, 8:00 horas, 26 de Novembro de 2019.

Confissões!

- Gosto muito de ti!

-Sentes?

- É bom?

- É mau?

- Ou nem assim-assim?

- Porque me perguntas ainda?

- Não sabes?

-Não sentes?

- É bom! É mesmo muito bom!

- É até melhor –julgo!- que o sentido aí!

- Seria mau! Não achas?

- Seria mesmo muito mau, se não sentisse assim!

Figueira da Foz, 31 de Outubro de 2019.

Madrugada.

- É ainda noite escura? – pergunto-me!

- Não! Já desponta a madrugada! – respondo-me!

É então que penso que só eu e ela estamos acordados.

A noite dorme profundamente,

ouço-a a ressonar baixinho,

reconheço-lhe os seus sons inconfundíveis.

Eu e ela encontramo-nos às escondidas da noite
adormecida.

Dela,

 – da madrugada-,

conheço-lhe os cicios,

as palpitações

e até os gemidos

e a ela confesso os meus desejos

e os meus mais secretos pensamentos – desnudo-me!

Para não acordarmos a noite

 que é muito desconfiada

e tem o sono leve,

não me mexo,

não falo

e só penso quieto

e muito baixinho

– uma noite acordada é um verdadeiro sarilho!-

e ela fica num esforçado silêncio,

é assim abraçadinhos e aconchegadinhos que passamos as
noites…,

eu quietinho

e a pensar devagarinho para não perturbar a noite,

porque ela tem um sono muito leve,

e ela,

a madrugada,

num sepulcral silêncio

a tentar evitar que se instaure à pressa aquela brancura
quase de neve.

Eu penso,

recordo,

conjecturo

e devaneio sem fronteiras,

ela,

“tadinha”,

esforça-se para manter as boas maneiras…

Transcorre neste desassossego a sossegada noite

até ao despontar da descarada alvorada

que já não é noite cerrada,

nem é madrugada,

mas também não é ainda dia,

é a hora do galo,

da galinha,

do pintinho

e da cotovia

e todos juntos espantam a coruja

que já nem sequer pia.

É então que eu ainda ensonado te digo:

«-Bom diaaaa!»

e tu, descontente, respondes-me:

«-Até amanhãããã!»

Nesse momento,

a noite dá meia-volta

e volta-se devagarinho para o outro lado,

levando consigo o sono para outros tantos

que com a chegada dela acabam por adormecer também.

É assim:

adormecendo e acordando

e acordando e adormecendo

que se passa esta vida

que noite e dia

e dia e noite

embalada pela madrugada

e enganada pela alvorada

se vai sucedendo e acontecendo,

enquanto nós vamos a pouco e pouco…

fenecendo!

Figueira da Foz, 18 de outubro de 2019.

Outono da vida!

Sigo o restolho das folhas no seu destino.//
Elas rolam e rebolam num desatino.//
Esparramadas no chão como os meninos.//
Secas e amarrotadas parecem os velhinhos.//

Todas foram graciosas e muito belas.//
Mas caíram na ilusão das velas.//
Não cuidaram que se finariam como elas.//
Acabaram no chão castanhas e amarelas.//

Tanta gente vive assim iludida.//
Na luta pelas coisas perdidas.//
Depois choram e gemem desencantos.//

Olvidam que tudo nos é emprestado.//
Até a vida já tem fim marcado.//
Num cortejo de choros e prantos!//

Figueira da Foz, 15 de Outubro de 2019.

Mares de sonhos.

Chocam mares nos sonhos revoltos dentro de mim.

São muitos os mares que sou

nestas águas que se digladiam sem tréguas

e me aleijam nas fúrias tormentosas

das marés incompletas em que nunca se esgotam

de tanto parirem ondas marrecas, ruidosas e desaustinadas,

repetidas num interminável vaivém e vem e vai

de golpes insanos e inclinados para a morte adivinhada,

já muito próxima e certa.

Nelas se afogam os meus desejos

transformados em espumas de mentiras.

Morrem assim!

Morrem encharcados de desespero,

os sonhos de mim verdadeiramente proibidos,

vertidos de nadas nos mares de tudo,

pelas minhas mãos sempre vazias

nestes meus dez dedos hirtos

 que já desaprenderam de armar conchas…   1/06/2019.

TOTALMENTE CINZA!

Hoje cobre-me uma enorme nuvem cinza;
Hoje ela pinta o mar de cinza;
Hoje ela encurta o horizonte de cinza;
Hoje ela engole-nos num espesso nevoeiro cinza;
Hoje até a minha alma está cinza!

Cinzentos se tornaram os meus sentimentos hoje;
Cinzentos se tornaram os meus humores hoje;
Cinzento e sem alegria se tornou o dia de hoje;
Cinzenta e quase sem cor se tornou toda a cor hoje;
Cinzento, muito cinzento corre o vento hoje;

Hoje caminham as pessoas de triste cinza;
Hoje as pessoas penduram sorrisos cinza;
Hoje as pessoas gastam conversas adjectivadas de cinza;
Hoje as pessoas confundem as palavras num fundo cinza;
Hoje as pessoas esmorecem cinza;

Cinzento? Sim! É a única cor hoje;
Cinzento é o perfume do mar hoje;
Cinzenta é a cor do peixe agonizante hoje;
Cinzento é o prazer mórbido do pescador hoje;
Cinzenta é a roupa que não escolhi hoje;

Hoje com certeza o dia acaba cinza;
Hoje não me deram alternativa para a cor cinza;
Hoje nada mando e nada desmando, tudo é cinza;
Hoje resta-me aceitar, porque até a luz é cinza;
Hoje apenas escaparam o papel e a tinta que não são cinza!

Figueira da Foz, 27 de Agosto de 2019.

Silêncio de ouro ou ouro de silêncio?

Ainda não sei se o meu mundo é de ouro silencioso,

ou se é silencioso de ouro,

já que sinto que, no mínimo, é meio por meio,

ou seja,

o meu verdadeiro mundo é silencioso,

o meu mundo é de ouro verdadeiro.

Sinto-me verdadeiramente eu quando verdadeiramente
estou sozinho comigo.

É então que esse silêncio de ouro,

ou ouro de silêncio se apossa de mim,

se apossa do meu ser.

É então que deixo de ser aquele que sinto que não sou e no
qual não me reconheço,

para começar a ser aquele que sou e que, todavia, ainda me
desconheço.

Nos tais silêncios,

as minhas mãos tornam-se progressivamente mais quietas e
menos barulhentas

e os meus olhos também.

Nos tais silêncios,

o meu mundo agiganta-se

e os meus pensamentos calçam-se com pantufas
almofadadas de algodão mudo envolto em lã sem som.

Nos tais silêncios,

tudo,

tudo,

tudo se agiganta e até o tempo cresce parado.

Do mundo lá de fora - oiço nada!

Dos pensamentos de lá - nada também!

Ruídos e barulhos - ainda menos!

De lá,

fico vazio de tudo

e fico a transbordar de todo o silêncio de cá

- que me é tanto,

tanto de paz,

melodia,

verso e anverso,

poemas de rimas contrárias e afinadas nos seus
desencontros das mil cores numa só,

mas que não são mundo...,

porque o mundo não é assim!

É por isso que no meu mundo sou tão sozinho

- mas com tanta gente!

É por isso que o meu mundo é contrário daquele alvoroço
descontrolado!

É por isso que o meu mundo é tão cheio de verdade - que
até parece uma verdadeira mentira!

O que é isto? - perguntou-me extasiado.

- É o nada que é tudo

no tudo que parece nada

- descubro maravilhado!

É por isso que ainda não sei se o meu mundo é de silêncio
de ouro

ou é ouro de silêncio!

Figueira da Foz, 4 de Setembro de 2019.

Ah! O amor!

Fruto dos cinco sentidos, tão poucos para tão imenso sentir!

- Tem sabor? - Ao doce mel vivo, ou a fel quando desencanta!

- Aroma? – A perfume quente lume, e a fria e gelada morte quando se some!

- Tem cor que se veja? - … a rosas (de-rosa-cor) ao florir, e à negra dura do luto ao partir…

- Sente-se? – Oh! Sente-se no corpo inteiro e ainda mais forte na alma, mas sente-se pior a morte na alma que no corpo inteiro!

- Ouve-se? – Tanto na festa e na euforia da alegria, como no silencioso triste velório da despedida!

- É assim tanto e tão grande? – Muito mais até! Ah! O amor! Quando verdadeiro não tem TEMPO nem DIMENSÃO! É verdadeiramente grande, grande a mar!

Figueira da Foz, 23 de Março de 2020.

Texto dobrado!

Enrolo a minha vida no balanço salgado das ondas do mar em que galgo as alegrias e afundo as imensas esperanças, dores e decepções que espraio longa e demoradamente nas vagas repetidas que vão e que vêm e que se esboroam inclemente e furiosamente contra os paredões da minha resistência, cobrindo-os de espuma branca e diáfana que o tempo com indiferença vai devorando segundo a segundo até que... não me reste mais um só segundo sequer do indiferente tempo, nem me restem os paredões resistentes contra os quais se esboroaram furiosamente as vagas repetidas das alegrias, das imensas dores, esperanças e decepções da vida transformadas na diáfana espuma branca que espraiei demoradamente no engano das ondas salgadas que balançam no imenso vaivém ao sabor do mar em que enrolei a minha vida.

Figueira da foz, 11 de Março de 2020.

Erosão!

A erosão até o ferro come,

Como também as praias despe da areia

Abre sulcos nas faces e nas montanhas

 Ela fere e dói mais que a fome

Dói até mais que muitas tareias

Inflige muitas dores, daquelas dores tamanhas…

A erosão não fere o aço, nem as fortes coisas do coração

Ela não afecta a amizade verdadeira

Nem tampouco belisca os sentimentos puros

Assim como não a vemos atacar o amor são

Também não existe sinal dela na amizade inteira

Porque as tentativas dela no amor batem contra muros.

A erosão é como a ferrugem miudinha

É coisa má do tempo frágil

Ela é uma filha do fermento forte da ingratidão

É o alimento farto da mais fraca gentinha

 Daquela do riso idiota e deveras fácil

O tal riso fértil de nauseabunda podridão!

A erosão não a sinto nos velhos amigos

Naqueles nobres dos tempos de ainda meninos

Aqueles dos belos tempos passados nas escolas

Nesses…, não há erosão, eles são ainda o meu caminho

Nesses não há ingratidão, falsidade, nem esmolas.

Figueira da Foz, 7 de Março de 2020.

Sou também (P)pessoa(s)?

Ah! Se eu fosse Pessoa diria:

eu sei que quero ser,

todos esses seres,

que sempre senti em mim ser.

Ah! Quem sabe…, o que eu dizer poderia…

Sou pessoa, mas aquele Pessoa não sou!

Partilho dele muitas angústias e desejos,

até muitos anseios,

e arremedos dos seus maiores medos...

Mas…, apenas sou a pessoa que aqui estou.

Ah! Fosse eu um outro Pessoa, ou mesmo aquele, contaria:

Sonhos lindos bordados com encantadas palavras.

Abriria entre as estrelas mil lavras,

onde plantaria poemas, pensares e filosofias gradas.

Ah! Mas…, da minha pequena pessoa nada ressoa!

Figueira da Foz, 1 de Março de 2020.

A beleza!

A beleza que mais aprecio é a da inteligência,

mas qualquer outra tira-me igualmente o fôlego.

Ela rouba-me as palavras e crucifica-as.

Perante a beleza verdadeira:

gosto muito, diz quase nada;

adoro, é um chavão;

parabéns, é pouquíssimo;

escrever mais palavras, é borratar e,

tocar-lhe, pode ser um sacrilégio.

Quando esbarro nela,

escancaro-lhe as entradas da minha alma,

sorvo-a com os meus olhos ávidos

e com os meus ouvidos despertos se ela não for silente.

Então a minha alma empanturra-se e engorda, inquieta-se
num êxtase de gula e de prazer:

mexe e remexe,

tira e põe,

volta a tirar e volta a repor;

olha e olha e torna a olhar,

mira e remira,

torna a mirar e a remirar;

cobiça e volta a cobiçar;

lê e relê,

volta a ler e a reler;

ouve e torna a ouvir repetido em mil ecos repetidos;

tacteia e tacteia e tacteia… sem se cansar nem pedir permissão,

porque a partir desse momento aquele belo e aquela beleza já é sua para a eternidade.

Que me perdoem Rembrandt, Beethoven, Shakespeare, Saramago, Antunes, Chico, Marisa, Callas, Lollobrigida,

pôr-do-Sol de inimitável colorido,

sinfonia do mar,

calor de amizades conversadas nas confissões do final da tarde, café quente ou cerveja gelada e

 também tu e

 todas as lindas flores e

 Florindas dos jardins onde me passeei…

lindas…lindas…lindas…

graças belas da minha vida.

Figueira da Foz, 20 de Junho de 2019.

Feliz sorte a minha!

Este mundo está pejado de homens de dois tipos:

aqueles cujos horizontes se confinam aos seus umbigos -
infelizmente, são a grande, muito grande maioria e

os outros...,

aqueles que espraiam a sua visão pelo horizonte alargado
do mundo e do universo..., -infelizmente são uma pequena,
muito pequena minoria.

Felizmente,

não me incluo na infelizmente grande, muito grande
maioria!

Felizmente sou minoritariamente feliz!,

e não sou felizmente...,

maioritariamente infeliz!;

olhem que feliz sorte a minha!

Figueira da Foz, 18 de Abril de 2018.

JOVEM! TOMA NOTA!

Jovem! Nunca menosprezes nem desprezes os velhinhos porque eles decantam vida efectivamente vivida!

Eles são a garantia e a confirmação de que é possível sobreviver às inúmeras curvas cegas da vida!

Os seus silêncios destilam sabedoria e os perfumes da saudade!

Pensa! Pensa bem!, porque razão choram muito mais os jovens do que choram os velhinhos?

Quando parece que uns têm quase tudo para viver e os outros parece que já viveram quase tudo?

Uns perdem o tempo a chorar e os outros nem sequer choram o tempo perdido...

Quem é mais sábio?...

Figueira da Foz, 18 de Abril de 2018.

A vida...

Esse é, que foi...

Esse sopro que já não é.

O é que é, e que já não é!

Essa memória da infância que foi e não é nunca mais....

Ingenuidades doces que se perderam nas brumas do tempo,

das vidas vividas nas vidas que ficaram para trás.

Ilusões que se esfumaram como fósforos acesos.

Risos cristalizados na memória,

pedaços mudos paralisados na verdade consumida pelo tempo

que lhe deu vida verdadeira na mentira do tempo disfarçado de memórias...,

e que apenas vivem na mentira das verdades que já não existem...,

mas que doem porque se foram...

e que deixaram rastos nos recuos sofridos, nas perdas forçadas...,

no caminho imparável percorrido com as costas voltadas
para o passado,

 que é ilusório presente,

 que nos trai permanentemente,

porque mas não nos deixa perceber que tudo quanto
fazemos

fazemos sempre pela última vez...

Figueira da Foz, 2 de Agosto de 2018.

Bom diaaa!

- «-Como estás?» - penso sempre ao acordar.

- «- Menos bem e menos mal também!»

- «- Pensando bem…, ou mal…, talvez nem assim-assim…»

- Sei somente que assim…, nem sequer gosto de mim!

- Lembro-me tão bem das palavras da minha mãe: «- Filho! Primeiro sorri sempre para ti, depois sempre, sempre, sempre para quem lá vem!»

- Faço sempre assim e nunca mais magoei ninguém!

- A partir de então, ao primeiro que me aprece no espelho digo sempre, sempre, sempre a sorrir: «- Bom diaaa! Como estás?»

- Agora que já te vi a sorrir, digo-te que estou bem! – claro!!!! Até te digo mais! Gosto muito de ti, e também dos demais!

- «- Bom diaaa! Como estás? – digo-lhe (-me) sempre a sorrir-me, porque é assim –como me ensinou a minha mãe- que (me) começo o dia!

Figueira da Foz, 24 de Março de 2020.

Gosto porque gosto!

Por favor, nunca me perguntem porque é que eu gosto de alguém?

Nunca me perguntem, porque eu nunca saberei responder!

Apenas sei que quando gosto, gosto!

Não sei porque é que gosto, mas isso não me importa!

Apenas sei que gosto porque gosto, e isso me basta!

Quando gosto, gosto!

É simples, não é?

Está explicado?

Gosto, porque gosto!

Figueira da Foz, 1 de Setembro de 2018.

Como foi possível?

Caminhei incerto nesta jornada com fim,
desamparei belas flores do meu jardim!

Ficaram mil desejos pelos caminhos,
murcharam sonhos ainda verdinhos.

Passaram luas cheias e minguadas
nas mil e uma noites acordadas.

Achei-me nas madrugadas luminosas,
tropecei nas promessas maldosas.

Sonhei, delirei, joguei, perdi e ganhei,
muitas vezes ri e muitas mais chorei.

Cheguei aqui sem pesos na consciência,
tudo me permiti com basta decência.

Choro sim! Choro tudo o que não vivi,
arrependo-me do tempo que perdi.

Ah!, se me fosse dado viver novamente,
pediria flores, sonhos e amor somente!

Figueira da Foz, 16 de Dezembro de 2019.

Parabéns Nani!

Querido Nani, tão cedo ido...
Hoje faríamos a tua festa com velas.
A sorrir apagarias 45 delas.
Não cantamos, é dia sofrido!

Foste um bebé lindo e sorridente,
uma criança viva, esperta e saudável,
amigo verdadeiro, leal e inquebrantável,
maravilhoso irmão que me lembre...

Não é justa a vida! Ela é traiçoeira
quando corta os sonhos desta maneira.
Ficou-nos o teu sorriso simplesmente...

Há aí grande festa e muita alegria.
Maior, nem igual aqui haveria.
Onde estás há festa e alegria felizmente!

Figueira da Foz, 8 de Novembro de 2019.

Romaria negra.

Não é chuva, não é água, mas é fria e encharca-me como uma morrinha fina e constante que me ensopa de memórias.

São memórias de tempos lindos em que fui banhado pelo mar da felicidade que não se vê e que esbanjei porque julgava que era imensa e inesgotável como ele.

É verdade que é imensa e inesgotável como ele, mas transforma-se... Hoje..., hoje é um mar de saudades pintado com a cor da tristeza e mergulhado no arrepiante e desolador frio do nunca mais...

São tristezas afogadas na dor surda e imóvel da saudade. Desta saudade que cresce minuto após minuto e que se adensa como a escuridão da noite profunda dos sons estranhos e irreconhecíveis.

Dantes ríamo-nos, gargalhávamos, abraçávamo-nos, beijávamo-nos, conversávamos, segredávamos sonhos de mãos dadas iluminados pela boa esperança boa da vida.

Hoje essa luz já não ilumina, já não esventra o negrume da noite da saudade que mata lentamente.

Agora caminho solene, hirto, vazio de alegria, refreando o triste bailado das lágrimas que lutam para se soltarem.

Forço o rosto a simular uma paz que não existe e que tento disfarçar sob a capa serena da conformação incolor e sem luz.

É ainda meio dia de escuridão cerrada dentro de mim.

Não há a luz da alegria, dos sorrisos, das gargalhadas nem das conversas soltas...

Não levo vida comigo nem em mim, até o braçado de flores vai fresquinho de morte recente. Caminho recto à fria pedra.

Anseio para que o tempo me finde este ritual de dor e saudade silenciosa.

Anseio que cubra de uma vez por todas com silêncio e imobilidade este duro ritual.

Figueira da Foz, 1 de Novembro de 2019.

Lágrimas cinzentas!

Desfaz-se o céu em lágrimas.//

Confunde-se o dia de cinzento.//

Indiferente o mar marulha nas repetidas vagas.//

Encrista as ondas de branco lento.//

Os dias assim não me são bons.//

Trazem-me tristeza à alma.//

Gosto deles vestidos noutros tons.//

Estes trajam enganadora calma.//

Não choro por vergonha.//

Fico-me pelo meu ninho como a cegonha.//

Lavado pelas lágrimas do céu.//

Elas caem-me copiosas e daninhas.//

Despertam e forçam as minhas.//

Mas eu disfarço-as sob o cinzento véu!// 21/09/ 2019.

Ensinamentos!

Recebo luzes como flores coloridas,
são mensagens que não sei ler.
Fica quieta a mente apenas a ver,
as cores, as muitas cores floridas.

Elas agem desde que quieta a mente.
Eu apenas me sossego sem saber,
elas agem em mim e fora com poder,
fazendo o que têm a fazer certamente.

Recebo luzes como flores coloridas,
nada mais tenho de fazer,
senão ensinar outros a receber,
também quietamente nas suas vidas!

Elas trazem mensagens e ensinamentos
sem palavras nem letras escritas,
que quieta a mente precebe-as ditas,
lá do longínquo para nosso salvamento.

Walter Ramalhete.
Figueira da Foz, 17 de Março de 2020.

Criança mulher!

Pára de fugir de ti apressada mulher crescida.
Antes foge das mil canseiras criadas por muitos nadas, nas quais te refugias esgotada!
Encara de frente a vida merecida de ser vivida!
Olha com carinho para dentro de ti mulher adulta de tanto sofrimento imerecido e desnecessário.
Procura em ti a menina que soluça em sofrimento perdida de ti.
Socorre-a rapidamente!
Banha-a na água suave do arrependimento morno.
Sossega-te!
Despe-te de todas as mentiras que te são um não à vida.
Liberta-a!
Enxuga-lhe as lágrimas com a esponja única do teu perdão verdadeiro.
Dá-lhe as tuas mãos!
Sai com ela a passear a felicidade da merecida liberdade reconquistada.
Abre-vos de par em par os portões do parque de diversões da vida.
Infantiliza-te de novo mulher crescida de velha.
Sê novamente transformada na tua menina doce e carente nunca crescida e,
há tanto tempo oprimida dentro de ti pela dor sem culpa.
Vem mulher!
Vem viver verdadeiramente feliz criança mulher de ti esperança!
Figueira da Foz, 16 de Março de 2020.

Viagem pelo meu jardim.

É tão fácil esmagar uma flor! É tão fácil arrancá-la e condená-la a uma morte lenta, inútil e inglória. É tão fácil deflorá-la pétala a pétala na patética tentativa da descoberta do mal-me-quer-bem-me-quer. É tão fácil enganar e transformar um mal-me-quer num bem-me-quer começando, tão somente, a contagem pela forma contrária. É tão fácil, mas parece tão difícil, usufruir sem ter, sem prender. É tão fácil, mas parece tão difícil, respeitar e amar sem estragar, sem conspurcar nem matar. É tão fácil, afinal apenas basta entender que nada é nosso, que as flores não são nossas, que elas só são flores enquanto o forem em nós. É tão fácil aprender com as flores que, se-lhes-quisermos-bem, não nos podemos apropriar delas. É tão fácil aprender com as flores que, se-lhes-quisermos-bem, se as quisermos ter, devemos apenas observá-las, cheirá-las, devemos preencher a nossa mente com elas e devemos querer-lhes somente bem, porque elas não são oráculos e as suas pétalas não têm poderes divinatórios sobre quem nos-quer-bem-ou-mal-nos-quer, devemos compreender que elas tão pouco se importam com isso. É tão fácil compreender que elas são só do lado do belo e do bem.
É tão fácil tornarmo-nos sábios. É tão fácil ouvir o lamento das flores. Felizmente, ouvi-o ainda a tempo, e, -mais vale tarde, do que nunca-, nunca mais repetirei tão grande malvadez. Felizmente, ouvi o lamento das flores ainda a tempo e tornei-me sábio. Arrependi-me. Nunca mais as arranquei nem as desfolhei.

É tão fácil compreender que se não a arrancar, amanhã, -se para mim voltar a haver amanhã-, poderei contemplá-la de novo, poderei até, ver nela o que hoje ainda não consegui ver, e poderei usufruí-la novamente.

Hoje, porque não fui sábio, e porque nem sequer sabia... entristeço-me por todas as flores que arranquei e por todas aquelas que em vão desfolhei.

É tão fácil, mas parece tão difícil, usufruir sem ter. É tão fácil, mas parece tão difícil, respeitar e amar sem estragar, sem conspurcar nem matar. É tão fácil, mas parece tão difícil, perceber e aprender que acontece assim com quase todas as coisas na vida.

É tão fácil, mas parece tão difícil...

Figueira da Foz, 23 de Janeiro de 2019.

Queria ser poeta...

Queria ser poeta porque os poetas trazem o peito cheio com as palavras mais belas!

Queria trazê-las tão arrumadinhas para que muitas parecessem pouquinhas e para com pouquinhas poder dizer tudo...

Queria ser poeta para dizer com as palavras aquilo que elas, por si só, nunca conseguiriam dizer.

Queria ser poeta para poder irmanar as palavras inconciliáveis.

Queria ser poeta para poder dar sentido às palavras sem sentido.

Queria ser poeta para poder baralhar as palavras.

Queria ser poeta para misturar as palavras nas sublimes combinações que fazem os corações estremecer loucos de sentimentos.

Queria ser poeta para conseguir com palavras simples fazer os olhos choverem lágrimas de alegria...

Queria tanto ser poeta...

Figueira da Foz, 30 se Setembro de 2018.

Quando eu morrer!

Ela já se sorri para mim
Fujo-lhe e viro as costas
Sou rude como quem não gosta
Mas ela vai conseguir por fim.

Nesse dia não quero arrancadas as flores!
Não matem a sua beleza singela
Não as quero rosas, vermelhas, brancas, amarelas...
Não quero que elas sofram dores!

Quem me quiser bem, nem chore!
Quanto muito..., se não sorrir, ore!
Porque eu estarei em paz!

Elas também podem ir no cortejo
Porque sei que serão beijos
Quero-os em vasos, quem os der, traz!

Figueira da Foz, 22 de Outubro de 2019.

Índice

www.ingramcontent.com/pod-product-compliance
Lightning Source LLC
Chambersburg PA
CBHW031217160726
47992CB00006B/2772